Vorwort

Fruchtig, frisch und superlecker, so schmeckt
der Sommer.
Ein Sommer ohne Früchte? Kaum vorstellbar.
Zumal es mit dem Thermomix ganz einfach ist,
Marmeladen selber herzustellen. Vor allem weiß
man dann, was drin ist.
Selbst gekocht schmeckt einfach besser.
Entdecken Sie die fruchtige Marmeladenwelt und
zaubern Sie erfrischende Chutneys.
Alles mit viel Spaß im Handumdrehen.

1

Inhaltsverzeichnis:

Johannisbeermarmelade

Zutaten
1 ½ kg rote
Johannisbeeren
1 Vanilleschote   1kg Gelier Zucker 1 plus 1

Zubereitung
Die Johannisbeeren waschen und die Stiele
entfernen. Zusammen mit dem Gelierzucker und
der Vanilleschote in den Mixtopf geben. Alles auf
höchster Stufe 30 Sekunden mischen. Jetzt auf
Varomastufe 100 Grad/ 18 Minuten/ Stufe 2
kochen. Alles in Einmachgläser füllen.

Zwei-Schoko-Erdbeer-Konfitüre

Zutaten
1500 g Erdbeeren 1 Bio Zitrone
800 g Gelierzucker
2:1   170 g weiße Kuvertüre
50 g Edel-Bitter-
Schokolade 70%

Zubereitung
Die Erdbeeren zusammen mit dem Zucker in den
Mixtopf füllen. Auf Stufe 5 / 30 Sekunden
mischen. Nun die übrigen Zutaten hinzufügen.
Auf Varomastufe 100 Grad/ Stufe 2/ 19 Minuten
kochen. Abfüllen.

Aprikosenkonfitüre

Zutaten
1200g Aprikosen
Saft und abgeriebene
Schale von 1 Bio
Zitrone   500 g Gelierzucker 2 : 1

Zubereitung
Die Aprikosen waschen und die Kerne entfernen.
Die Zitrone pressen und die Schale abreiben. Alle
Zutaten in den Mixtopf geben. Auf Stufe 5/ 60
Sekunden zerkleinern. Jetzt auf Varomastufe
100 Grad/ Stufe 2/ 19 Minuten kochen. Alles in
saubere Gläser füllen.

Zitronen-Marmelade

Zutaten
2kg Bio-Zitronen
1,5 kg Gelierzucker 1:1
Saft von 2 Bio
Zitronen

Zubereitung
Die Zitronen schälen und in den Mixtopf geben.
Die übrigen Zutaten hinzugeben. Auf Stufe 5/ 1
Minute zerkleinern. Nun auf Varomastufe 100
Grad/ Stufe 4/ 19 Minuten kochen. Alles abfüllen.

Zwetschgen-Bananen-Konfitüre

Zutaten

500g Zwetschgen   500g Gelierzucker 2 : 1,
150 ml trockener
Rotwein   3 EL Zitronensaft,
2 Bananen   1/2 TL Zimtpulver
1 Pk. Vanille-
zucker

Zubereitung
Die Zwetschgen entsteinen und waschen. In den
Mixtopf füllen und den Gelierzucker hinzufügen.
Alles auf Stufe 5/ 30 Sekunden vermischen. Nun
die übrigen Zutaten einfüllen. Auf Varomastufe
100 Grad/ Stufe 2/ 17 Minuten köcheln. Die
Konfitüre kann umgefüllt werden.

Lavendelgelee

Zutaten
50 g Lavendel-
blüten   625 ml Wasser
200 g Gelier-
zucker   Saft einer Bio-Zitrone

Zubereitung
Das Wasser in den Mixtopf geben. Nun das
Garkörbchen einsetzen und die Lavendelblüten
hinein geben. Alles Auf Varimastufe 100 Grad/ 18
Minuten/ Stufe 2 kochen. Jetzt das Körbchen
mit den Blüten entfernen. Die übrigen Zutaten
hinzugeben und alles nochmals 5 Minuten/
Varomastufe 100 Grad/ Stufe 4 kochen.

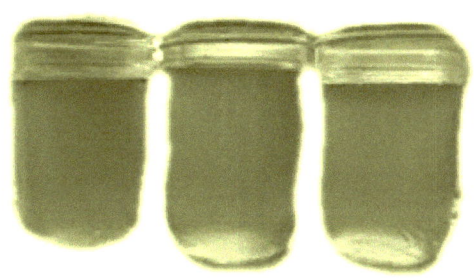

Mango-Kumquats-Blutoragenmarmelade

Zutaten

8 Blutorangen	1 Mango
160g Kumquats	3 Sternanis
50g Vanillelikör	500 g Gelierzucker 2:1
Saft einer	
Bio-Zitrone	

Zubereitung

Die Blutorangen und die Zitrone pressen und in den Mixtopf geben. Mango, Sternanis und Kumquats hinzufügen. Den Gelierzucker einwiegen. Nun alles auf Stufe 5/1 Minute mischen. Auf Varomastufe 100 Grad/ 15 Minuten/ Stufe 4 köcheln. Alles in saubere Gläser abfüllen.

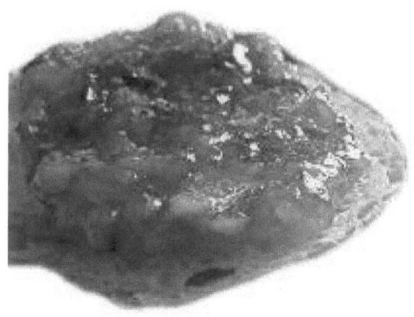

Tomaten-Chili-Konfitüre

Zutaten

500g Tomaten	20g Ingwer
4 Chili	4 Knoblauchzehen
60 ml Reisessig	140g Rohrzucker
3 TL Fischsauce	1 Tel. Meersalz

Zubereitung

Von den Tomaten die Stielansätze entfernen. Die Knoblauchzehen schälen und pressen. Chili entkernen. Alle Zutaten zusammen in den Mixtopf geben. Alles auf Stufe 5/ 30 Sekunden mischen. Jetzt auf Varomastufe 100 Grad/ 15 Minuten/ Stufe 4. Alles abfüllen.

Blaubeer-Konfitüre

Zutaten

1 kg Blaubeeren	Saft von 4 Bio-Zitronen
1 kg Zucker	115g flüssiges Pektin

Zubereitung
Die Blaubeeren waschen und in den Mixtopf geben. Auf Stufe 5/ 15 Sekunden mischen. Nun den Zitronensaft und den Zucker hinzugeben. Auf Stufe 2/ Varomastufe 100 Grad/ 17 Minuten kochen. Das Pektin hinzugeben. Noch weitere 2 Minuten/ Varomastufe 100 Grad/ Stufe 2 kochen. Alles in saubere Gläser abfüllen.

Rotwein-Orangen-Gelee

Zutaten

750g Portwein	abgeriebene Schale von 3 Bio-Orangen und Saft
1 kg Zucker	260g flüssiges Pektin

Zubereitung

Alle Zutaten außer dem Pektin in den Mixtopf geben. Auf Varomastufe 100 Grad/ Stufe2/ 17 Minuten kochen. Jetzt das Pektin einwiegen. Nochmals auf Varomastufe/ Stufe 2/ 2 Minuten kochen. In Gläsern abfüllen.

Rotweingelee

Zutaten
750ml Rotwein   Saft von 2 Bio-Zitronen
250g flüssiges
Pektin   900g Zucker

Zubereitung
Alle Zutaten außer das Pektin in den Mixtopf
einwiegen. Auf Varomastufe 100 Grad/ Stufe 2/
19 Minuten kochen. Nun das Pektin hinzugeben
und nochmals 2 Minuten/ Stufe 2/ Varomastufe
100 Grad kochen. Das Gelee kann abgefüllt
werden.

Stachelbeer-Holunder-Konfitüre

Zutaten
1 kg Stachelbeeren
1 EL Zitronensaft
½ Liter Holunder-
blütensirup   200g Zucker
2 EL Apfel-
pektin

Zubereitung
Die Stachelbeeren waschen und die Stielansätze
entfernen. Alle Zutaten in den Mixtopf geben.
Auf Stufe 5/ 30 Sekunden mischen. Nun auf
Varomastufe 100 Grad/ Stufe 4/ 18 Minuten
köcheln. Alles abfüllen.

Rosmarin-Brombeer-Konfitüre

Zutaten
1 kg Brombeeren   500g Gelierzucker 2:1
1 Bio-Zitrone
(Saft)   2 Zweige Rosmarin frisch

Zubereitung
Die Brombeeren waschen und mit dem
Gelierzucker zusammen in den Mixtopf geben.
Auf höchster Stufe 30 Sekunden mischen. Nun
die anderen Zutaten hinzugeben. Nochmals auf
höchster Stufe 15 Sekunden mischen. Jetzt alles
auf Varomastufe 100 Grad/ Stufe 2 / 17 Minuten
kochen. Die Konfitüre ist fertig.

Apfelsaft-Minz-Gelee

Zutaten
400g naturtrüber
Apfelsaft   200g Gelierzucker 2:1
Saft einer Bio-
Zitrone   eine Hand voll Minze frisch

Zubereitung
Den Apfelsaft mit dem Zucker in den Mixtopf geben und auf höchster Stufe 30 Sekunden mischen. Nun die übrigen Zutaten hinzugeben und nochmals 1 Minute auf höchster Stufe mischen. Alles auf Varomastufe 100 Grad/ 15 Minuten/ Stufe 3 kochen. In dekorative Gläser abfüllen.

Birnensaft-Mohn-Gelee

Zutaten

30g Mohnsamen	50g Birnengeist
350g Birnensaft	150g Gelierzucker 2:1
Saft einer Bio	
Zitrone	

Zubereitung
Alle Zutaten in den Mixtopf geben. Auf Stufe 5/ 1 Minute mischen. Nun auf Varomastufe 100 Grad/ Stufe 2/ 15 Minuten kochen. Das Gelee ist fertig.

Rotwein-Beeren-Konfitüre

Zutaten
300g Beeren nach
Wahl   1/8 Liter trockener Rotwein
215g Gelier-
zucker   Saft einer Bio-Zitrone

Zubereitung
Die Beeren in ein Sieb geben und abwaschen.
Jetzt die Beeren mit den anderen Zutaten in den
Topf geben und auf höchster Stufe 30 Sekunden
mixen. Jetzt weiter 12 Minuten/Varoma 100
Grad/ Stufe 1. Die Marmelade kann jetzt in
Gläsern abgefüllt werden.

Glühweinmarmelade

Zutaten
Saft einer
Bio-Zitrone   350g Beerenfrüchte
500g Glühwein   100g Orangensaft
500g Gelierzucker
1 Nelke

Zubereitung
Die Beeren zusammen mit dem Gelierzucker im
Mixtopf einwiegen. Auf Stufe 5/ 1 Minute mixen.
Nun die übrigen Zutaten hinzufügen. Auf
Varomastufe 100 Grad/ Stufe 4/ 15 Minuten
köcheln.

Rohe Himbeerkonfitüre

Zutaten
300g Himbeeren   300g Gelierzucker
3 Zweige
Zitronenmelisse

Zubereitung
Die Himbeeren waschen und in den Mixtopf
geben. Den Gelierzucker hinzugeben und 5
Minuten/ Stufe 5 mischen. Jetzt die
Zitronenmelisse hinzugeben und nochmals auf
höchster Stufe 30 Sekunden mischen. Alles
abfüllen und im Kühlschrank aufbewahren.

Erdbeer-Rhabarber-Konfitüre

Zutaten
700g Erdbeeren   400g Rhabarber
550g Gelier-
zucker

Zubereitung
Das Obst waschen und zusammen mit dem
Gelierzucker in den Mixtopf geben. Auf Stufe 20
Sekunden mischen. Nun auf Varomastufe 100
Grad/ Stufe 1/ 14 Minuten. Alles abfüllen.

Schwarzkirsch-Konfitüre

Zutaten

1 kg Kirschen	1 kg Zucker
Saft einer Bio-Zitrone	250g flüssiges Pektin

Zubereitung

Bei den Kirschen die Stiele und Kerne entfernen. Die Kirschen waschen und zusammen mit 150g Wasser in den Topf geben Auf Varomastufe 100 Grad/ Stufe 2/ 16 Minuten weich kochen. Nun die übrigen Zutaten hinzugeben und nochmals 5 Minuten/ Varomastufe 90 Grad/ Stufe 1.

Erdbeer-Eierlikör-Marmelade

Zutaten

600g Erdbeeren   150g Eierlikör

250g Gelier-

zucker   1 Pck. Vanillezucker

Zubereitung

Die Erdbeeren waschen und in den Mixtopf geben. Auf Stufe 5/30 Sekunden zerkleinern. Jetzt die übrigen Zutaten hinzufügen. Alles auf Varomastufe 100 Grad/Stufe 2/ 17 Minuten kochen. Die fertige Marmelade in Gläsern abfüllen.

Mangocreme kalt gerührt

Zutaten
1 reife Mango   1 EL Zitronensaft
1 Paket
Gelierzucker für
kalt gerührten
Fruchtaufstrich   1 EL Pistazienkerne
1 TL Vanillezucker

Zubereitung
Alle Zutaten in den Mixtopf geben. Auf Stufe 5 /
2 Minuten mixen. Alles abfüllen und in den
Kühlschrank stellen.

Espresso-Gelee

Zutaten
200 g Zartbitter
Schokolade   1 Vanilleschote
900 ml frisch
gekochter Espresso
500 g Gelierzucker
2 : 1   1 EL Zitronensaft

Zubereitung
Alle Zutaten zusammen in den Mixtopf geben.
Auf höchster Stufe 1 Minute durchmischen. Auf
Varomastufe 100 Grad/ Stufe 4/ 18 Minuten
kochen. In Gläsern abfüllen.

Portwein-Birnen-Konfitüre

Zutaten
700 g vollreife
aromatische
Birnen   300 g Äpfel
250 ml Portwein   Saft von 2 Bio-Zitronen
1 kg Gelierzucker
1plus1

Zubereitung
Das Obst waschen und entsteinen. Die Zitronen
pressen. Alles zusammen in den Mixtopf geben.
Auf Stufe 5/ 30 Sekunden mischen. Jetzt auf
Varomastufe 100 Grad/ 19 Minuten/ Stufe 3.
Alles in Gläsern abfüllen.

Stachelbeer-Zucchini-Marmelade

Zutaten
900 g Stachel-
beeren   250 g Zucchini
Saft von 2
Bio-Zitronen   1 kg Gelierzucker
3 EL Blue
Curaçao

Zubereitung
Die Stachelbeeren und die Zucchini waschen.
Stachelbeeren entstielen. Alle Zutaten in den
Mixtopf füllen. Alles 1 Minute auf Stufe 5
mischen. Nun auf Varomastufe 100 Grad/ 18
Minuten/ Stufe 3.

Rhabarber-Aprikosen-Konfitüre

Zutaten
1KG Rhabarber   150g Aprikosen getrocknet
1 EL Aperol
500g
Gelierzucker 2:1

Zubereitung
Rhabarber putzen und in Stücken schneiden. Alle
Zutaten in den Mixtopf geben und auf Stufe 5/
30 Sekunden. Jetzt auf Stufe 2/ Varomastufe
100 Grad/ 19 Minuten kochen. Umfüllen.

Schwarzwälder-Kirsch-Konfitüre

Zutaten
1000 g Sauer-
kirschen   1 EL Kakao
500 g Gelierzucker
(2:1)   2 g Zitronensäure
4 EL Kirschwasser

Zubereitung
Die Kirschen zusammen mit dem Zucker in den
Mixtopf geben und auf Stufe 5 / 1 Minute
mischen. Nun die übrigen Zutaten hinzugeben.
Auf Varomastufe 100 Grad/ 17 Minuten/ Stufe 4
kochen.

Ingwerkonfitüre

Zutaten
550 g frische
Ingwerwurzeln   1 l naturtrüber Apfelsaft
1,5 kg Gelier-
zucker 1:1   4 cl Cognac

Zubereitung
Die Ingwerwurzeln zusammen mit dem Zucker in
den Mixtopf geben und auf Stufe 5/ 30
Sekunden kräftig mixen. Nun die übrigen Zutaten
hinzugeben und auf Varomastufe 100 Grad/
Stufe 2/ 17 Minuten kochen.

Granatapfelgelee

Zutaten
1 KG Granatäpfel   Saft von 1 Bio-Zitrone
750 g Gelierzucker

Zubereitung
Die Granatäpfel pressen und den Saft in den
Mixtopf geben. Die übrigen Zutaten hinzugeben
und alles auf Varomastufe 100 Grad/ Stufe 2/ 18
Minuten kochen.

Tannenspitzengelee

Zutaten

200 g Tannen-
spitzen

2 Zweige Thymian

1 l Apfelsaft

500 g Gelierzucker 3plus1

400 ml
Grapefruitsaft

Saft von 2 Bio-Zitronen

Zubereitung

Die Tannenspitzen mit dem Apfelsaft aufkochen und 12 Stunden ziehen lassen. Alles in ein Sieb geben und den Saft auffangen. Den Saft zusammen mit den übrigen Zutaten in den Mixtopf geben. Auf Varomastufe 100 Grad/ Stufe 3/ 20 Minuten kochen.

Erdbeer-Balsamico-Marmelade

Zutaten

850g Erdbeeren   100g Weißwein
50g Balsamico
dunkel   1 Päckchen Gelierzucker 2:1
Saft einer
Bio-Zitrone

Zubereitung
Die Erdbeeren waschen und in den Mixtopf geben.
Nun die Zitrone pressen und den Saft zu den
Erdbeeren hinzufügen. Alles auf Stufe 5/30
Sekunden mischen. Jetzt die übrigen Zutaten
hinzufügen. Auf Varomastufe 100 Grad/ Stufe4/
15 Minuten kochen. In saubere Gläser umfüllen-

Sauerkirsch-Zimt-Marmelade

Zutaten

900g Sauerkirschen	450g Gelierzucker 2:1
2 TL Zimt	1 Pck. Vanillezucker
Saft einer Bio-Zitrone	

Zubereitung

Die Sauerkirschen entsteinen und waschen. In den Mixtopf geben und 15 Sekunden/ Stufe 5 zerkleinern. Jetzt die übrigen Zutaten hinzugeben. Alles 16 Minuten/ Varomastufe 100 Grad/ Stufe 2 kochen. In hübsche Gläser füllen.

Lemon-Curd

Zutaten
6 Bio Zitronen   140g Butter
2 Eier   3 Eigelbe
150g Zucker

Zubereitung
Die Zitronen auspressen und den Saft in den
Mixtopf geben. Auf Stufe 5/ 30 Sekunden mixen.
Nun die übrigen Zutaten in den Topf wiegen.
Alles auf höchster Stufe 30 Sekunden mischen.
Jetzt auf Stufe 2 /Varoma 90 Grad/ 8 Minuten.
Die Masse abfüllen und im Kühlschrank
aufbewahren.

Himbeer-Curd

Zutaten
1 kg Himbeeren   450g Zucker
120g gesalzene
Butter   4 große verquirlte Eier

Zubereitung
Die Himbeeren waschen und in den Mixtopf
geben. Auf Stufe 5/ 30 Sekunden mixen. Nun die
übrigen Zutaten in den Topf wiegen. Alles auf
höchster Stufe 30 Sekunden mischen. Jetzt auf
Stufe 2 /Varoma 90 Grad/ 8 Minuten. Die Masse
abfüllen und im Kühlschrank aufbewahren.

Dulce de Leche

Zutaten
2,5 Liter
Frische Vollmilch   1 KG Zucker
1/4 Teelöffel
Natron   1/2 Vanilleschote

Zubereitung
Alles zusammen in den Mixtopf geben. Auf Stufe
5/ 1 Minute mixen. Jetzt auf Varomastufe 100
Grad/ 17 Minuten/ Stufe 4 kochen. Die
Milchkonfitüre kann abgefüllt werden-

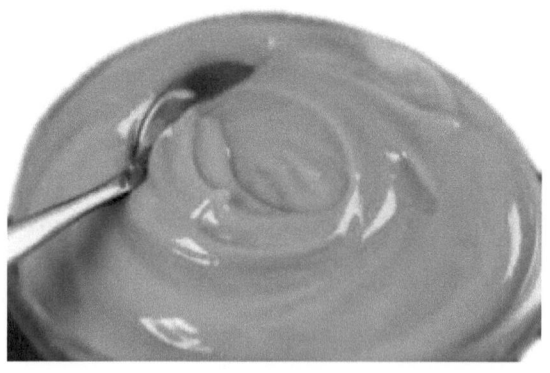

Löwenzahnhonig

Zutaten
3 Hände voll
Löwenzahnblüten   1 l Wasser
1 kg Zucker   1/2 Zitrone geschnitten

Zubereitung
Die Löwenzahnblüten mit dem Wasser aufkochen
und über Nacht ziehen lassen. Nun die Blüten
durch ein Sieb geben und die Flüssigkeit
auffangen. Die Flüssigkeit mit den übrigen
Zutaten in den Mixtopf geben. Auf Varomastufe
100 Grad/ 19 Minuten/ Stufe 2 kochen. In
Gläsern abfüllen.

Herstellung und Verlag:
BoD – Books on Demand, Norderstedt
ISBN 978-3-7357-3754-0